HELADO Y GANACHE PARA CADA OCASIÓN

Una guía completa para dominar el arte del glaseado, glaseado y ganache con 100 recetas y técnicas deliciosas

María Josefa Martinez

Material con derechos de autor©2023

Reservados todos los derechos

Ninguna parte de este libro puede usarse ni transmitirse de ninguna forma ni por ningún medio sin el debido consentimiento por escrito del editor y del propietario de los derechos de autor, excepto citas breves utilizadas en una reseña. Este libro no debe considerarse un sustituto de los conocimientos médicos y legales. u otro asesoramiento profesional.

TABLA DE CONTENIDO

INTRODUCCIÓN 6
HELADO/HELADO 7
   1. Glaseado de limoncello 8
   2. Glaseado Biscoff 10
   3. Glaseado de moca 12
   4. Glaseado de capuchino 14
   5. Glaseado de barra Snicker 16
   7. Glaseado de Dalgona 20
   8. Glaseado Ferrero Rocher 22
   9. Glaseado de mango 24
   10. Pastel de cumpleaños con glaseado de canela 26
   11. Glaseado de caramelo 28
   12. Glaseado de caramelo 30
   13. Glaseado de crema batida de chocolate 32
   14. Glaseado de crema de mantequilla Prosecco 34
   15. Glaseado esponjoso 36
   16. Barras Cadbury Glaseado 38
   17. Glaseado de pistacho 40
   18. Glaseado de café 42
   19. Glaseado de pastel de cumpleaños 44
   20. Glaseado Graham 46
   21. Glaseado de tarta de queso con menta 48
   22. Glaseado de avellanas 50
   23. Glaseado de migas de pastel 52
   24. Glaseado de semillas de calabaza 54
   25. Glaseado de pelusa de manzana 56
   26. Glaseado de mantequilla de limón 58
   27. Glaseado de penuche 60
   28. Glaseado de moca batido 62
   29. Glaseado de dulce de azúcar 64
   30. Glaseado de pastel negro 66
   31. Glaseado de queso crema y coco 68
   32. Glaseado de queso crema y mermelada 70
   33. Glaseado de chocolate y cereza 72
   34. Glaseado Real 74
   35. Glaseado de caramelo 76
   36. Glaseado de crema de mantequilla de arce 78

37. Glaseado de mantequilla de ciruela pasa 80
38. Glaseado de queso crema y naranja 82
39. Glaseado de pastel de nueces y especias 84
40. Glaseado de terciopelo rojo Waldorf 86
41. Glaseado de crema batida con salsa de frambuesa 88
42. Glaseado de queso crema espresso 90
43. Glaseado de semillas de amapola y limón 92
44. Glaseado De Crema De Caramelo 94
45. Glaseado de chispas de chocolate y menta 96
46. Glaseado de crema de miel 98
47. Glaseado de crema de mantequilla y frambuesa 100
48. Glaseado de queso crema y pistacho 102
49. Glaseado de azúcar moreno 104
50. Glaseado de Coca-Cola 106
51. Glaseado de guayaba 108
52. Glaseado de espuma de mar 110
53. Glaseado De Hojaldre Rosa 112
54. Glaseado de mantequilla de maní asado 114
55. Glaseado húngaro 116
56. Glaseado de marrasquino 118
57. Glaseado de mantequilla y nueces 120
58. Glaseado de pastel de mermelada glaseada 122
59. Glaseado de cacao sedoso 124

VIDRIAR 126
60. Glaseado de menta 127
61. Glaseado de fresa 129
62. Glaseado de café 131
63. Glaseado de sidra de manzana 133
64. Glaseado de albaricoque 135
65. Glaseado De Borbón 137
66. Glaseado de queso crema 139
67. Glaseado De Naranja 141
68. Glaseado de crema de mantequilla y chocolate 143
69. Glaseado de limón 145
70. Glaseado de mandarina 147
71. Glaseado de miel 149
72. glaseado de arce 151
73. Glaseado de frambuesa 153
74. Glaseado de mango 155

75. Glaseado de lavanda 157
76. Glaseado de mantequilla de maní..159
77. Glaseado De Caramelo 161
78. Glaseado de almendras 163
79. Glaseado de coco..165
80. Glaseado de pistacho 167
81. Glaseado de té verde Matcha 169
82. Glaseado de limonada de frambuesa 171

GANACHE.. 173
83. ganache de calabaza 174
84. Ganache de remolacha y lima 176
85. Ganache de chocolate y avellanas 179
86. Ganache de graham 181
87. Ganache de chocolate amargo..183
88. Ganache de chocolate con leche 185
89. Ganache de chocolate blanco 187
90. Ganache de naranja y chocolate amargo 189
91. Ganache de chocolate amargo expreso 191
92. Ganache de caramelo salado 193
93. Ganache de chocolate blanco y frambuesa............................195
94. Ganache de chocolate y menta 197
95. Ganache de chocolate y mantequilla de maní 199
96. Ganache de chocolate blanco y coco......................................201
97. Ganache de chocolate amargo y avellanas 203
98. Ganache de chocolate con leche y almendras 205
99. Ganache de chocolate amargo con leche de coco 207
100. Ganache de chocolate blanco caramelizado 209

CONCLUSIÓN..211

INTRODUCCIÓN

¡Bienvenido al mundo de los dulces caprichos! En este libro de cocina, lo invitamos a embarcarse en un delicioso viaje a través del reino de los glaseados, glaseados y ganaches. Ya sea que sea un panadero casero apasionado o un pastelero profesional, este libro es su recurso definitivo para elevar sus postres a nuevas alturas de delicia.

Glaseados, glaseados y ganaches son las joyas de la corona de cualquier postre. Añaden una capa adicional de sabor, textura y atractivo visual, transformando pasteles, cupcakes, galletas y pasteles simples en delicias extraordinarias que dejan a todos con ganas de más. Este libro de cocina está diseñado para desmitificar el arte de crear estos deliciosos aderezos, brindándote el conocimiento y la confianza para llevar tus habilidades de repostería al siguiente nivel.

En estas páginas, descubrirá un tesoro escondido de recetas probadas para una variedad de glaseados, glaseados y ganaches. Desde glaseados de crema de mantequilla clásicos y glaseados de queso crema hasta ganaches de chocolate aterciopelados y glaseados suaves como la seda, hemos incluido una amplia gama de opciones para todos los gustos y ocasiones. Ya sea que esté buscando un aderezo ligero y esponjoso para un pastel de cumpleaños o una rica y deliciosa ganache para una celebración especial, aquí encontrará la receta perfecta.

Pero este libro de cocina es más que una simple colección de recetas. También hemos incluido consejos, trucos y técnicas invaluables para ayudarlo a lograr resultados de nivel profesional. Aprenderá los secretos para lograr la consistencia perfecta, crear decoraciones impresionantes y lograr acabados impecables. Con nuestras instrucciones paso a paso y nuestra útil guía de solución de problemas, podrá afrontar cualquier desafío de glaseado, glaseado o ganache con facilidad.

Entonces, ya sea que esté planeando una gran celebración o simplemente quiera agregar un toque de dulzura a su repostería diaria, deje que HELADO Y GANACHE PARA CADA OCASIÓN sea su guía. ¡Prepárate para crear obras maestras comestibles que deslumbrarán a tu familia, amigos y papilas gustativas!

HELADO/HELADO

1. Glaseado de limoncello

INGREDIENTES:
½ taza de mantequilla sin sal, ablandada
4 tazas de azúcar en polvo
2 cucharadas de licor de limoncello
1 cucharada de jugo de limón fresco
Colorante alimentario amarillo (opcional)
Ralladura de limón para decorar

INSTRUCCIONES:
En un tazón, bata la mantequilla blanda hasta que esté cremosa.
Agrega poco a poco el azúcar glass, el licor de limoncello y el jugo de limón. Batir hasta que quede suave y esponjoso.
Si lo desea, agregue unas gotas de colorante alimentario amarillo para lograr un color amarillo vibrante para el glaseado.

2.Glaseado Biscoff

INGREDIENTES:
1 taza de mantequilla sin sal, ablandada
1 taza de crema Biscoff
4 tazas de azúcar en polvo
¼ taza de leche
1 cucharadita de extracto de vainilla

INSTRUCCIONES:
En un tazón grande, bata la mantequilla ablandada y el Biscoff para untar hasta que quede suave y cremoso.
Agregue gradualmente el azúcar en polvo, la leche y el extracto de vainilla, mezclando a velocidad baja hasta que se combinen. Aumente la velocidad a media-alta y bata hasta que esté suave y esponjoso.
Si el glaseado está demasiado espeso, agregue más leche, una cucharada a la vez, hasta alcanzar la consistencia deseada.

3.Glaseado de moca

INGREDIENTES:
¼ taza de mantequilla sin sal, ablandada
1½ tazas de azúcar en polvo
1 cucharada de cacao en polvo
1 cucharada de café instantáneo en gránulos
2-3 cucharadas de leche
Granos de chocolate o cacao en polvo, para decoración (opcional)

INSTRUCCIONES
En un tazón, bata la mantequilla blanda hasta que esté cremosa.
Agregue gradualmente el azúcar en polvo, el cacao en polvo y los gránulos de café instantáneo. Mezcle hasta que estén bien combinados.
Agregue la leche, una cucharada a la vez, y continúe batiendo hasta que el glaseado alcance una consistencia suave y untable.

4.Glaseado de capuchino

INGREDIENTES:
½ taza de mantequilla sin sal, ablandada
2 tazas de azúcar en polvo
1 cucharada de café instantáneo en gránulos
1 cucharada de agua caliente
1 cucharadita de extracto de vainilla

INSTRUCCIONES:
Batir la mantequilla ablandada hasta que esté cremosa.
Disuelve los gránulos de café instantáneo en agua caliente y agrégalos a la mezcla de mantequilla junto con el azúcar glass y el extracto de vainilla.
Batir hasta que quede suave y cremoso.

5. Glaseado de barra Snicker

INGREDIENTES:
½ taza de mantequilla sin sal, ablandada
½ taza de mantequilla de maní cremosa
2 tazas de azúcar en polvo
3 cucharadas de leche
Barras de Snickers picadas, para cubrir

INSTRUCCIONES:
En un bol, bata la mantequilla blanda y la mantequilla de maní hasta que quede suave y cremosa.
Agregue poco a poco el azúcar en polvo y mezcle hasta que esté bien combinado.
Agregue la leche, 1 cucharada a la vez, hasta alcanzar la consistencia deseada.
Incorpora las barras de Snickers picadas.

6.Glaseado de crema de mantequilla de Prosecco

INGREDIENTES:
1½ tazas de mantequilla sin sal, ablandada
4 tazas de azúcar en polvo
¼ de taza de Prosecco (vino espumoso)
1 cucharadita de extracto de vainilla

INSTRUCCIONES:
En un tazón grande, bata la mantequilla ablandada hasta que esté cremosa y suave.
Agrega poco a poco el azúcar glass, una taza a la vez, batiendo bien después de cada adición.
Agrega el Prosecco y el extracto de vainilla y continúa batiendo hasta que el glaseado esté suave y esponjoso.

7.Glaseado Dalgona

INGREDIENTES:
1½ tazas de crema espesa, fría
¼ taza de azúcar en polvo
¼ taza de café Dalgona
Cacao en polvo (para espolvorear, opcional)
INSTRUCCIONES:
Batir la crema espesa fría y el azúcar en polvo hasta que se formen picos suaves.
Agrega el café Dalgona y continúa batiendo hasta que se formen picos rígidos.

8.Glaseado Ferrero Rocher

INGREDIENTES:
1½ tazas de crema espesa
¼ taza de azúcar en polvo
1 cucharadita de extracto de vainilla
12 bombones Ferrero Rocher, troceados

INSTRUCCIONES:
En un tazón, bata la crema espesa hasta que se formen picos suaves.
Agrega el azúcar en polvo y el extracto de vainilla a la crema batida y continúa batiendo hasta que se formen picos rígidos.
Incorpora suavemente los chocolates Ferrero Rocher picados.

9.Glaseado de mango

INGREDIENTES:
1 taza de mango maduro, pelado y cortado en cubitos
½ taza de mantequilla sin sal, ablandada
4 tazas de azúcar en polvo
Ralladura de 1 lima
Zumo de 1 lima

INSTRUCCIONES:
Haga puré el mango cortado en cubitos en una licuadora o procesador de alimentos hasta que quede suave.
En un tazón grande, bata la mantequilla blanda hasta que esté cremosa.
Agregue gradualmente el azúcar en polvo, la ralladura de lima y el jugo de lima y continúe batiendo hasta que esté suave y esponjoso.
Agrega el puré de mango a la mezcla de mantequilla y bate hasta que esté bien combinado.

10. Pastel De Cumpleaños Glaseado De Canela

INGREDIENTES:
4 tazas de azúcar en polvo
¼ taza de mantequilla sin sal, ablandada
¼ taza de leche
1 cucharadita de extracto de vainilla
1 pizca de canela
asperja

INSTRUCCIONES:
En un tazón, mezcle el azúcar en polvo, la canela, la mantequilla blanda, la leche y el extracto de vainilla hasta que quede suave y cremoso. Incorpora las chispas.

11. Glaseado De Caramelo

INGREDIENTES:
1½ tazas de mantequilla sin sal, ablandada
4 tazas de azúcar en polvo
¼ taza de salsa de caramelo (puede ser comprada o casera)
1 cucharadita de extracto de vainilla

INSTRUCCIONES:
En un tazón grande, bata la mantequilla ablandada hasta que esté cremosa y suave.
Agrega poco a poco el azúcar glass, una taza a la vez, batiendo bien después de cada adición.
Agrega la salsa de caramelo y el extracto de vainilla y continúa batiendo hasta que el glaseado esté suave y esponjoso.

12. Glaseado De Caramelo

INGREDIENTES:
1½ tazas de mantequilla sin sal, ablandada
4 tazas de azúcar en polvo
¼ taza de salsa de caramelo (comprada en la tienda o casera)
1 cucharadita de extracto de vainilla

INSTRUCCIONES:
En un tazón grande, bata la mantequilla ablandada hasta que esté cremosa y suave.
Agrega poco a poco el azúcar glass, una taza a la vez, batiendo bien después de cada adición.
Agrega la salsa de caramelo y el extracto de vainilla y continúa batiendo hasta que el glaseado esté suave y esponjoso.

13. Glaseado de crema batida de chocolate

INGREDIENTES:
2 tazas de crema espesa, fría
½ taza de azúcar en polvo
¼ taza de cacao en polvo sin azúcar
1 cucharadita de extracto de vainilla

INSTRUCCIONES:
En un tazón frío, bata la crema espesa, el azúcar en polvo, el cacao en polvo y el extracto de vainilla hasta que se formen picos rígidos.
Tenga cuidado de no batir demasiado, ya que puede convertir la nata en mantequilla.

14. Glaseado de crema de mantequilla de Prosecco

INGREDIENTES:
1½ tazas de mantequilla sin sal, ablandada
4 tazas de azúcar en polvo
¼ de taza de Prosecco (vino espumoso)
1 cucharadita de extracto de vainilla

INSTRUCCIONES:
En un tazón grande, bata la mantequilla ablandada hasta que esté cremosa y suave.
Agrega poco a poco el azúcar glass, una taza a la vez, batiendo bien después de cada adición.
Agrega el Prosecco y el extracto de vainilla y continúa batiendo hasta que el glaseado esté suave y esponjoso.

15. Glaseado esponjoso

INGREDIENTES:
¾ taza de azúcar
¼ taza de jarabe de maíz, ligero
2 cucharadas de agua
2 claras de huevo
¼ cucharadita de sal
¼ cucharadita de crémor tártaro
1 cucharadita de extracto de vainilla

INSTRUCCIONES
Combine encima del baño maría el azúcar, el jarabe de maíz, el agua, las claras de huevo, la sal y el crémor tártaro. Cocine sobre agua hirviendo rápidamente, batiendo con una batidora eléctrica o batidora giratoria hasta que la mezcla forme picos. Retirar del fuego.
Agrega la vainilla; bate hasta que el glaseado forme remolinos profundos.

16. Barras Cadbury Glaseado

INGREDIENTES:

150 g de mantequilla sin sal, ablandada
300 g de azúcar glas
1 cucharadita de extracto de vainilla
2 cucharadas de leche
100 g de mantequilla de maní suave
Mini barras Cadbury, picadas

INSTRUCCIONES

Batir la mantequilla blanda, el azúcar glas, el extracto de vainilla y la leche hasta que quede suave y cremoso.
Incorpora la mantequilla de maní suave.
Agrega las mini barras Cadbury.

17. Glaseado de pistacho

INGREDIENTES:
115 g de mantequilla, a temperatura ambiente [8 cucharadas (1 barra)]
40 g de azúcar glass [¼ de taza]
230 g de pasta de pistacho [¾ taza]
2 g de sal kosher [½ cucharadita]

INSTRUCCIONES:
Combine la mantequilla y el azúcar glas en el tazón de una batidora de pie equipada con el accesorio de paleta y bata a fuego medio-alto durante 2 a 3 minutos, hasta que quede esponjoso y de color amarillo pálido.

Agrega la pasta de pistacho y la sal y mezcla a velocidad baja durante medio minuto, luego aumenta la velocidad a media-alta y deja que se rompa durante 2 minutos. Raspe los lados del tazón con una espátula. Si la mezcla no está toda del mismo color verde pálido, dale otro minuto a alta velocidad y vuelve a raspar.

Use el glaseado inmediatamente o guárdelo en un recipiente hermético en el refrigerador hasta por 1 semana.

18.Glaseado de cafe

INGREDIENTES:

115 g de mantequilla, a temperatura ambiente [8 cucharadas (1 barra)]
40 g de azúcar glass [¼ de taza]
55 g de leche [¼ taza]
1,5 g de café instantáneo en polvo [¾ cucharadita]
1 g de sal kosher [¼ cucharadita]

INSTRUCCIONES:

Combine la mantequilla y el azúcar glas en el tazón de una batidora de pie equipada con el accesorio de paleta y bata a fuego medio-alto durante 2 a 3 minutos, hasta que quede esponjoso y de color amarillo pálido.

Mientras tanto, prepare un café con leche rápido: bata la leche, el café instantáneo y la sal en un tazón pequeño.

Raspe los lados del tazón con una espátula. A velocidad baja, agregue gradualmente la leche del café. Básicamente, está forzando que el líquido se convierta en grasa, así que tenga paciencia. La mezcla de mantequilla se acumulará y se separará al entrar en contacto con la leche del café. No vierta más leche de café en la mezcla de mantequilla hasta que la adición anterior esté completamente incorporada; mantenga la batidora encendida y tenga paciencia. El resultado será un glaseado de café muy esponjoso, de color marrón pálido y súper brillante. Úselo inmediatamente.

19. Glaseado de pastel de cumpleaños

INGREDIENTES:

115 g de mantequilla, a temperatura ambiente [8 cucharadas (1 barra)]
50 g de manteca vegetal [¼ taza]
55 g de queso crema [2 onzas]
25 g de glucosa [1 cucharada]
18 g de jarabe de maíz [1 cucharada]
12 g de extracto claro de vainilla [1 cucharada]
200 g de azúcar glass [1¼ tazas]
2 g de sal kosher [½ cucharadita]
0,25 g de levadura en polvo [pizca]
0,25 g de ácido cítrico [pizca]

INSTRUCCIONES:

Combine la mantequilla, la manteca vegetal y el queso crema en el tazón de una batidora de pie equipada con el accesorio de paleta y la crema a fuego medio-alto durante 2 a 3 minutos, hasta que la mezcla esté suave y esponjosa. Raspe los lados del tazón.

Con la batidora en su velocidad más baja, agregue la glucosa, el jarabe de maíz y la vainilla. Encienda la batidora a velocidad media-alta y bata durante 2 a 3 minutos, hasta que la mezcla esté suave como la seda y de un color blanco brillante. Raspe los lados del cuenco.

Agregue el azúcar glas, la sal, el polvo para hornear y el ácido cítrico y mezcle a velocidad baja solo para incorporarlos a la masa.

Vuelva a subir la velocidad a media-alta y bata durante 2 a 3 minutos, hasta obtener un glaseado blanco brillante y maravillosamente suave.

¡Debe verse tal como salió de un recipiente de plástico en el supermercado! Use el glaseado inmediatamente o guárdelo en un recipiente hermético en el refrigerador por hasta 1 semana.

20. glaseado de graham

INGREDIENTES:
½ porción de masa Graham
85 g de leche [⅓ taza]
2 g de sal kosher [½ cucharadita]
85 g de mantequilla, a temperatura ambiente[6 cucharadas]
15 g de azúcar moreno claro [1 cucharada bien empaquetada]
10 g de azúcar glass [1 cucharada]
0,5 g de canela molida[½cucharadita]
0,5 g de sal kosher[⅛cucharadita]

INSTRUCCIONES:
Combine la corteza Graham, la leche y la sal en una licuadora, gire la velocidad a media-alta y haga puré hasta que quede suave y homogéneo. Tomará de 1 a 3 minutos (dependiendo de la genialidad de su licuadora). Si la mezcla no Para que no se enganche en la cuchilla de la licuadora, apague la licuadora, tome una cucharadita pequeña y raspe los lados del recipiente, recuerde raspar debajo de la cuchilla y vuelva a intentarlo.
Combine la mantequilla, el azúcar, la canela y la sal en el tazón de una batidora de pie equipada con el accesorio de paleta y bata a fuego medio-alto durante 2 a 3 minutos, hasta que quede esponjoso y moteado de amarillo. Raspe los lados del tazón con una espátula.
A velocidad baja, agregue el contenido de la licuadora. Después de 1 minuto, suba la velocidad a media-alta y déjela triturar por otros 2 minutos. Raspe los lados del tazón con una espátula. Si la mezcla no es una Bronceado pálido uniforme, raspe nuevamente el tazón y le dé al glaseado otro minuto de remo a alta velocidad.
Use el glaseado inmediatamente o guárdelo en un recipiente hermético en el refrigerador hasta por 1 semana.

21. Glaseado de tarta de queso con menta

INGREDIENTES:

60 g de chocolate blanco [2 onzas]
20 g de aceite de semilla de uva [2 cucharadas]
75 g de queso crema [2½ onzas]
20 g de azúcar glass [2 cucharadas]
2 g de extracto de menta [½ cucharadita]
1 g de sal kosher [¼ cucharadita]
2 gotas de colorante alimentario verde

INSTRUCCIONES:

Combine el chocolate blanco y el aceite y derrita la mezcla a fuego lento durante 30 a 50 segundos.

Combine el queso crema y el azúcar glass en el tazón de una batidora de pie equipada con el accesorio de paleta y revuelva a velocidad media-baja durante 2 a 3 minutos para mezclar.

A velocidad baja, vierta lentamente la mezcla de chocolate blanco. Mezcle durante 1 a 2 minutos, hasta que esté completamente incorporado al queso crema. Raspe los lados del tazón.

Agregue el extracto de menta, la sal y el colorante alimentario y revuelva la mezcla durante 1 a 2 minutos, o hasta que esté suave y de color verde duende.

22. Glaseado de avellanas

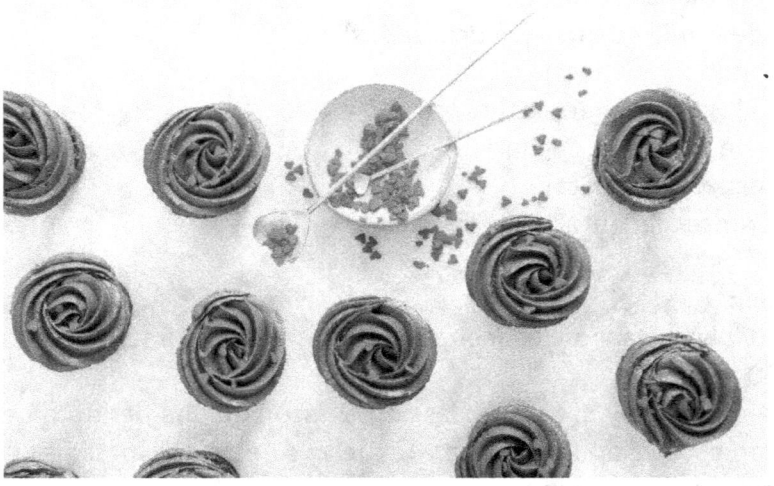

INGREDIENTES:
25 g de mantequilla, a temperatura ambiente[2 cucharadas]
65 g de pasta de avellanas[¼taza]
20 g de azúcar glass [2 cucharadas]
0,5 g de sal kosher[⅛cucharadita]

INSTRUCCIONES:
Coloque la mantequilla en el tazón de una batidora de pie equipada con el accesorio de paleta y remueva a velocidad media-alta hasta que esté completamente suave. Raspe los lados del tazón con una espátula. Esta es una pequeña cantidad de ingredientes, así que use su abuela. Batir ahora o asumir la tarea a mano en un tazón mediano.

Agregue la pasta de avellanas, el azúcar glas y la sal y mezcle a velocidad alta hasta que el glaseado esté esponjoso y sin grumos, de 3 a 4 minutos. Raspe los lados del tazón y mezcle durante 15 segundos, solo para estar seguro. todo es agradable y fluido.

Úselo inmediatamente o guárdelo en un recipiente hermético en el refrigerador por hasta 1 mes. Déjelo a temperatura ambiente antes de usarlo.

23. Glaseado de migas de pastel

INGREDIENTES:
½ ración de migas de pastel
110 g de leche [½ taza]
2 g de sal kosher [½ cucharadita]
40 g de mantequilla, a temperatura ambiente [3 cucharadas]
40 g de azúcar glass [¼ de taza]

INSTRUCCIONES:
Combine las migas de pastel, la leche y la sal en una licuadora, gire la velocidad a media-alta y haga puré hasta que quede suave y homogéneo. Tomará de 1 a 3 minutos (dependiendo de la genialidad de su licuadora). Si la mezcla no Enganche la cuchilla de la licuadora, apague la licuadora, tome una cucharadita pequeña y raspe los lados del recipiente, recuerde raspar debajo de la cuchilla y luego intente nuevamente.

Combine la mantequilla y el azúcar glass en el tazón de una batidora de pie equipada con el accesorio de paleta y bata a fuego medio-alto durante 2 a 3 minutos, hasta que quede esponjoso y de color amarillo pálido. Raspe los lados del tazón con una espátula.

A velocidad baja, agregue el contenido de la licuadora. Después de 1 minuto, suba la velocidad a media-alta y déjela triturar por otros 2 minutos. Raspe los lados del tazón. Si la mezcla no es uniforme, muy De color pálido, apenas tostado, dale al cuenco otro raspado y otro minuto de remo a alta velocidad.

Use el glaseado inmediatamente o guárdelo en un recipiente hermético en el refrigerador hasta por 1 semana.

24. Glaseado de semillas de calabaza

INGREDIENTES:
½ taza de manteca de palma, a temperatura ambiente
2 cucharadas de miel
½ cucharadita de extracto de vainilla
Chocolate derretido y semillas de calabaza.

INSTRUCCIONES
Batir la manteca vegetal, la miel y la vainilla hasta que quede suave. Incorpora el chocolate derretido y las semillas de calabaza.

25. Glaseado de pelusa de manzana

INGREDIENTES:
1 taza de puré de manzana sin azúcar
1 paquete (3,4 onzas) de mezcla instantánea para pudín de vainilla
1 taza de crema espesa
1/4 taza de azúcar en polvo
1 cucharadita de extracto de vainilla

INSTRUCCIONES:
En un tazón, combine el puré de manzana y la mezcla instantánea para pudín de vainilla. Mezcle bien hasta que la mezcla para pudín se disuelva.
En un recipiente aparte, bata la crema espesa hasta que se formen picos suaves.
Agregue poco a poco el azúcar en polvo y el extracto de vainilla a la crema batida. Continúe batiendo hasta que se formen picos rígidos.
Incorpora suavemente la mezcla de crema batida a la mezcla de puré de manzana hasta que esté bien combinada.
Utilice el glaseado de pelusa de manzana para glasear pasteles o cupcakes. Refrigere las sobras.

26. Glaseado de mantequilla de limón

INGREDIENTES:

1 taza de mantequilla sin sal, ablandada
4 tazas de azúcar en polvo
2 cucharadas de jugo de limón recién exprimido
1 cucharada de ralladura de limón
1 cucharadita de extracto de vainilla

INSTRUCCIONES:

En un tazón, bata la mantequilla ablandada hasta que quede suave.
Agregue gradualmente el azúcar en polvo, aproximadamente 1 taza a la vez, y mezcle bien después de cada adición.
Agregue el jugo de limón, la ralladura de limón y el extracto de vainilla a la mezcla de mantequilla. Mezcle hasta que quede suave y cremoso.
Ajuste la consistencia agregando más azúcar en polvo para obtener un glaseado más firme o más jugo de limón para obtener un glaseado más fino.
Unte o coloque el glaseado de mantequilla de limón sobre pasteles o cupcakes enfriados.

27.Glaseado de penuche

INGREDIENTES:
1/2 taza de mantequilla sin sal
1 taza de azúcar moreno claro envasado
1/4 taza de leche
2 tazas de azúcar en polvo
1 cucharadita de extracto de vainilla

INSTRUCCIONES:
En una cacerola, derrita la mantequilla a fuego medio. Agregue el azúcar moreno y la leche.
Llevar la mezcla a ebullición, revolviendo constantemente. Hervir durante 2 minutos.
Retiramos el cazo del fuego y dejamos enfriar unos 10 minutos.
Incorpora poco a poco el azúcar en polvo y el extracto de vainilla hasta que quede suave y cremoso.
Extienda el glaseado de penuche sobre pasteles o cupcakes enfriados. El glaseado se endurecerá a medida que se enfríe.

28. Glaseado de moca batido

INGREDIENTES:
1 taza de crema espesa
2 cucharadas de azúcar en polvo
1 cucharada de café instantáneo en gránulos
1 cucharadita de extracto de vainilla
Virutas de chocolate o cacao en polvo (opcional, para decorar)

INSTRUCCIONES:
En un tazón, combine la crema espesa, el azúcar en polvo, los gránulos de café instantáneo y el extracto de vainilla.
Con una batidora eléctrica, bata la mezcla a velocidad media-alta hasta que se formen picos suaves.
Continúe batiendo hasta que se formen picos rígidos y el glaseado esté esponjoso.
Coloca o extiende el glaseado de moca batido sobre pasteles o cupcakes enfriados.
Opcional: Adorne con virutas de chocolate o un poco de cacao en polvo.

29. Glaseado de dulce de azúcar

INGREDIENTES:
1/2 taza de mantequilla sin sal
1/4 taza de cacao en polvo sin azúcar
1/4 taza de leche
3 tazas de azúcar en polvo
1 cucharadita de extracto de vainilla

INSTRUCCIONES:
En una cacerola, derrita la mantequilla a fuego medio. Agregue el cacao en polvo y la leche.
Llevar la mezcla a ebullición, revolviendo constantemente. Hervir durante 1 minuto.
Retiramos el cazo del fuego y dejamos enfriar unos minutos.
Incorpora poco a poco el azúcar en polvo y el extracto de vainilla hasta que quede suave y cremoso.
Extienda el glaseado de dulce de azúcar sobre pasteles o cupcakes enfriados. El glaseado se endurecerá a medida que se enfríe.

30. Glaseado de pastel negro

INGREDIENTES:
1 taza de mantequilla sin sal, ablandada
4 tazas de azúcar en polvo
1/4 taza de cacao en polvo sin azúcar
1/4 taza de crema espesa
1 cucharadita de extracto de vainilla

INSTRUCCIONES:
En un tazón, bata la mantequilla ablandada hasta que quede suave.
Agrega poco a poco el azúcar glass y el cacao en polvo, mezclando bien después de cada adición.
Vierta la crema espesa y el extracto de vainilla. Bate la mezcla hasta que quede suave y cremosa.
Extienda o coloque el glaseado de pastel negro sobre pasteles o cupcakes enfriados.

31. Glaseado de queso crema y coco

INGREDIENTES:
8 oz de queso crema, ablandado
1/2 taza de mantequilla sin sal, ablandada
4 tazas de azúcar en polvo
1 cucharadita de extracto de coco
1 taza de coco rallado (opcional, para decorar)

INSTRUCCIONES:
En un tazón, bata el queso crema ablandado y la mantequilla hasta que estén bien combinados y cremosos.
Agrega poco a poco el azúcar glass, una taza a la vez, y continúa batiendo hasta que quede suave.
Agregue el extracto de coco y mezcle hasta que esté completamente incorporado.
Unte el glaseado de queso crema y coco sobre pasteles o cupcakes enfriados.
Opcional: Adorne con coco rallado para darle más textura y sabor.

32. Glaseado de queso crema y mermelada

INGREDIENTES:
8 oz de queso crema, ablandado
1/2 taza de mantequilla sin sal, ablandada
4 tazas de azúcar en polvo
1/4 taza de mermelada de naranja
1 cucharadita de extracto de vainilla
Ralladura de naranja (opcional, para decorar)

INSTRUCCIONES:
En un tazón, bata el queso crema ablandado y la mantequilla hasta que quede suave y esponjoso.
Agrega poco a poco el azúcar glass, una taza a la vez, y continúa batiendo hasta que esté bien mezclado.
Agrega la mermelada de naranja y el extracto de vainilla, mezclando hasta que esté completamente incorporado.
Unte o coloque el glaseado de queso crema y mermelada sobre pasteles o cupcakes enfriados.
Opcional: Adorne con ralladura de naranja para darle un toque cítrico vibrante.

33. Glaseado de chocolate y cereza

INGREDIENTES:
1 taza de mantequilla sin sal, ablandada
4 tazas de azúcar en polvo
1/4 taza de cacao en polvo sin azúcar
1/4 taza de jugo de cereza marrasquino
1 cucharadita de extracto de vainilla
Cerezas al marrasquino (opcional, para decorar)

INSTRUCCIONES:
En un tazón, bata la mantequilla ablandada hasta que quede suave.
Agrega poco a poco el azúcar glass y el cacao en polvo, mezclando bien después de cada adición.
Vierta el jugo de cereza marrasquino y el extracto de vainilla. Batir hasta que quede suave y cremoso.
Unte o coloque el glaseado de chocolate y cereza sobre pasteles o cupcakes enfriados.
Opcional: Adorne con cerezas marrasquino para darle un toque extra de sabor a cereza y decoración.

34. Glaseado Real

INGREDIENTES:
3 claras de huevo grandes
4 tazas de azúcar en polvo
1 cucharadita de jugo de limón
Colorante alimentario (opcional)

INSTRUCCIONES:
En un tazón, combine las claras de huevo y el jugo de limón. Bate con una batidora eléctrica hasta que esté espumoso.
Agregue gradualmente el azúcar en polvo, una taza a la vez, y continúe batiendo hasta que el glaseado se vuelva espeso y brillante.
Si lo desea, agregue colorante para alimentos y mezcle hasta que tenga un color uniforme.
Utilice el glaseado real para crear diseños decorativos o glasear galletas y pasteles. Deje que el glaseado se seque y se asiente antes de servir.

35. Glaseado de caramelo

INGREDIENTES:
1 taza de mantequilla sin sal, ablandada
1 taza de azúcar moreno claro envasado
4 tazas de azúcar en polvo
1/4 taza de leche
1 cucharadita de extracto de vainilla

INSTRUCCIONES:
En un tazón, bata la mantequilla ablandada y el azúcar moreno hasta que quede suave.
Agrega poco a poco el azúcar glass, una taza a la vez, y continúa batiendo hasta que esté bien mezclado.
Vierta la leche y el extracto de vainilla. Batir hasta que quede suave y cremoso.
Extienda o coloque el glaseado de caramelo sobre pasteles o cupcakes enfriados.

36.Glaseado de crema de mantequilla de arce

INGREDIENTES:
1 taza de mantequilla sin sal, ablandada
4 tazas de azúcar en polvo
1/4 taza de jarabe de arce puro
1 cucharadita de extracto de vainilla

INSTRUCCIONES:
En un tazón, bata la mantequilla ablandada hasta que quede suave.
Agrega poco a poco el azúcar glass, una taza a la vez, y continúa batiendo hasta que esté bien mezclado.
Vierta el jarabe de arce y el extracto de vainilla. Bate hasta que quede suave y cremoso.
Extienda o coloque el glaseado de crema de mantequilla de arce sobre pasteles o cupcakes enfriados.

37. Glaseado de mantequilla de ciruelas pasas

INGREDIENTES:
1 taza de mantequilla sin sal, ablandada
4 tazas de azúcar en polvo
1/4 taza de mantequilla de ciruelas pasas (puré de ciruelas pasas)
1 cucharadita de extracto de vainilla

INSTRUCCIONES:
En un tazón, bata la mantequilla ablandada hasta que quede suave.
Agrega poco a poco el azúcar glass, una taza a la vez, y continúa batiendo hasta que esté bien mezclado.
Agregue la mantequilla de ciruela pasa (puré de ciruela pasa) y el extracto de vainilla. Mezcle hasta que esté completamente incorporado.
Unte o coloque el glaseado de mantequilla de ciruela sobre pasteles o cupcakes enfriados.

38. Glaseado de queso crema y naranja

INGREDIENTES:
8 oz de queso crema, ablandado
1/2 taza de mantequilla sin sal, ablandada
4 tazas de azúcar en polvo
2 cucharadas de jugo de naranja recién exprimido
1 cucharada de ralladura de naranja
1 cucharadita de extracto de vainilla

INSTRUCCIONES:
En un tazón, bata el queso crema ablandado y la mantequilla hasta que quede suave y esponjoso.
Agrega poco a poco el azúcar glass, una taza a la vez, y continúa batiendo hasta que esté bien mezclado.
Agregue el jugo de naranja, la ralladura de naranja y el extracto de vainilla. Mezcle hasta que esté completamente incorporado.
Unte o coloque el glaseado de queso crema y naranja sobre pasteles o cupcakes enfriados.

39. Glaseado de pastel de nueces y especias

INGREDIENTES:
1 taza de mantequilla sin sal, ablandada
4 tazas de azúcar en polvo
1/4 taza de leche entera
1 cucharadita de extracto de vainilla
1/2 cucharadita de canela molida
1/4 cucharadita de nuez moscada molida
1/4 cucharadita de clavo molido
1 taza de nueces pecanas picadas, tostadas (opcional, para decorar)

INSTRUCCIONES:
En un tazón, bata la mantequilla ablandada hasta que quede suave.
Agrega poco a poco el azúcar glass, una taza a la vez, y continúa batiendo hasta que esté bien mezclado.
Vierta la leche y el extracto de vainilla. Batir hasta que quede suave y cremoso.
Agrega la canela molida, la nuez moscada y los clavos al glaseado. Mezcla hasta que esté completamente incorporado.
Extienda o coloque el glaseado de pastel de nueces con especias sobre pasteles o cupcakes enfriados.
Opcional: Adorne con nueces pecanas tostadas picadas para darle más textura y sabor.

40. Glaseado de terciopelo rojo Waldorf

INGREDIENTES:
1 1/2 tazas de mantequilla sin sal, ablandada
6 tazas de azúcar en polvo
1/4 taza de leche entera
1 cucharadita de extracto de vainilla
colorante rojo para la comida

INSTRUCCIONES:
En un tazón, bata la mantequilla ablandada hasta que quede suave.
Agrega poco a poco el azúcar glass, una taza a la vez, y continúa batiendo hasta que esté bien mezclado.
Vierta la leche y el extracto de vainilla. Batir hasta que quede suave y cremoso.
Agregue colorante rojo para alimentos unas gotas a la vez hasta lograr el tono de rojo deseado.
Extienda o coloque el glaseado de terciopelo rojo Waldorf sobre pasteles o cupcakes enfriados.

41. Glaseado de crema batida con salsa de frambuesa

INGREDIENTES:
2 tazas de crema espesa
1/4 taza de azúcar en polvo
1 cucharadita de extracto de vainilla
Frambuesas frescas (para decorar)
SALSA DE FRAMBUESAS
1 taza de frambuesas frescas
2 cucharadas de azúcar granulada
1 cucharadita de jugo de limón

INSTRUCCIONES:
En un tazón, bata la crema espesa, el azúcar en polvo y el extracto de vainilla hasta que se formen picos suaves.
Prepare la salsa de frambuesa mezclando las frambuesas frescas, el azúcar granulada y el jugo de limón en una licuadora o procesador de alimentos hasta que quede suave. Cuela para quitar las semillas.
Incorpora suavemente la mitad de la salsa de frambuesa al glaseado de crema batida hasta que esté bien combinado.
Extienda o coloque el glaseado de crema batida sobre pasteles o cupcakes enfriados.
Rocíe el resto de la salsa de frambuesa sobre los pasteles o cupcakes glaseados.
Adorne con frambuesas frescas para darle un toque elegante.

42.Glaseado de queso crema espresso

INGREDIENTES:
8 oz de queso crema, ablandado
1/2 taza de mantequilla sin sal, ablandada
4 tazas de azúcar en polvo
1 cucharada de espresso instantáneo en polvo
1 cucharadita de extracto de vainilla

INSTRUCCIONES:
En un tazón, bata el queso crema ablandado y la mantequilla hasta que quede suave y esponjoso.
Agrega poco a poco el azúcar glass, una taza a la vez, y continúa batiendo hasta que esté bien mezclado.
Disuelva el espresso instantáneo en polvo en una cucharadita de agua caliente y luego agréguelo a la mezcla de glaseado.
Agregue el extracto de vainilla y mezcle hasta que esté completamente incorporado.
Unte o coloque el glaseado de queso crema espresso sobre pasteles o cupcakes enfriados.

43. Glaseado de semillas de amapola y limón

INGREDIENTES:
1 taza de mantequilla sin sal, ablandada
4 tazas de azúcar en polvo
2 cucharadas de jugo de limón recién exprimido
2 cucharaditas de ralladura de limón
1 cucharada de semillas de amapola

INSTRUCCIONES:
En un tazón, bata la mantequilla ablandada hasta que quede suave.
Agrega poco a poco el azúcar glass, una taza a la vez, y continúa batiendo hasta que esté bien mezclado.
Agregue el jugo de limón, la ralladura de limón y las semillas de amapola. Mezcle hasta que esté completamente incorporado.
Extienda o coloque el glaseado de semillas de amapola y limón sobre pasteles o cupcakes enfriados.

44. Glaseado de crema de caramelo

INGREDIENTES:
1 taza de mantequilla sin sal, ablandada
4 tazas de azúcar en polvo
1/4 taza de salsa de caramelo
1 cucharadita de extracto de vainilla
Pizca de sal

INSTRUCCIONES:
En un tazón, bata la mantequilla ablandada hasta que quede suave.
Agrega poco a poco el azúcar glass, una taza a la vez, y continúa batiendo hasta que esté bien mezclado.
Agregue la salsa de caramelo, el extracto de vainilla y una pizca de sal. Mezcle hasta que esté completamente incorporado.
Extienda o coloque el glaseado de crema de caramelo sobre pasteles o cupcakes enfriados.

45.Glaseado de chispas de chocolate y menta

INGREDIENTES:
1 taza de mantequilla sin sal, ablandada
4 tazas de azúcar en polvo
1/4 taza de leche
1 cucharadita de extracto de menta
Colorante alimentario verde (opcional)
1/2 taza de mini chispas de chocolate

INSTRUCCIONES:
En un tazón, bata la mantequilla ablandada hasta que quede suave.
Agrega poco a poco el azúcar glass, una taza a la vez, y continúa batiendo hasta que esté bien mezclado.
Vierta la leche y el extracto de menta. Bate hasta que quede suave y cremoso.
Si lo desea, agregue colorante alimentario verde unas gotas a la vez hasta lograr el tono de verde deseado.
Agrega las mini chispas de chocolate hasta que se distribuyan uniformemente.
Extienda o coloque el glaseado de menta con chispas de chocolate sobre pasteles o cupcakes enfriados.

46.Glaseado de crema de miel

INGREDIENTES:
1 taza de mantequilla sin sal, ablandada
4 tazas de azúcar en polvo
1/4 taza de miel
1 cucharadita de extracto de vainilla

INSTRUCCIONES:
En un tazón, bata la mantequilla ablandada hasta que quede suave.
Agrega poco a poco el azúcar glass, una taza a la vez, y continúa batiendo hasta que esté bien mezclado.
Agregue la miel y el extracto de vainilla. Mezcle hasta que esté completamente incorporado.
Extienda o coloque el glaseado de crema de miel sobre pasteles o cupcakes enfriados.

47. Glaseado de crema de mantequilla y frambuesa

INGREDIENTES:
1 taza de mantequilla sin sal, ablandada
4 tazas de azúcar en polvo
1/4 taza de mermelada de frambuesa sin semillas
1 cucharadita de extracto de vainilla
Frambuesas frescas (opcional, para decorar)

INSTRUCCIONES:
En un tazón, bata la mantequilla ablandada hasta que quede suave.
Agrega poco a poco el azúcar glass, una taza a la vez, y continúa batiendo hasta que esté bien mezclado.
Agrega la mermelada de frambuesa y el extracto de vainilla. Mezcla hasta que esté completamente incorporado.
Extienda o coloque el glaseado de crema de mantequilla de frambuesa sobre pasteles o cupcakes enfriados.
Opcional: Adorne con frambuesas frescas para decorar.

48. Glaseado de queso crema y pistacho

INGREDIENTES:

8 oz de queso crema, ablandado
1/2 taza de mantequilla sin sal, ablandada
4 tazas de azúcar en polvo
1/4 taza de pistachos finamente picados
1 cucharadita de extracto de vainilla

INSTRUCCIONES:

En un tazón, bata el queso crema ablandado y la mantequilla hasta que quede suave y esponjoso.

Agrega poco a poco el azúcar glass, una taza a la vez, y continúa batiendo hasta que esté bien mezclado.

Agrega los pistachos picados y el extracto de vainilla. Mezcla hasta que esté completamente incorporado.

Unte o coloque el glaseado de queso crema y pistacho sobre pasteles o cupcakes enfriados.

49. Glaseado de azúcar moreno

INGREDIENTES:
1/2 taza de mantequilla sin sal
1 taza de azúcar moreno claro envasado
1/4 taza de leche
2 tazas de azúcar en polvo
1 cucharadita de extracto de vainilla

INSTRUCCIONES:
En una cacerola, derrita la mantequilla a fuego medio. Agregue el azúcar moreno y la leche.
Llevar la mezcla a ebullición, revolviendo constantemente. Hervir durante 2 minutos.
Retiramos el cazo del fuego y dejamos enfriar unos 10 minutos.
Incorpora poco a poco el azúcar en polvo y el extracto de vainilla hasta que quede suave y cremoso.
Extienda el glaseado de azúcar morena sobre pasteles o cupcakes enfriados. El glaseado se endurecerá a medida que se enfríe.

50. Glaseado de coca cola

INGREDIENTES:
1/2 taza de mantequilla sin sal
1/4 taza de coca cola
3 cucharadas de cacao en polvo sin azúcar
4 tazas de azúcar en polvo
1 cucharadita de extracto de vainilla

INSTRUCCIONES:
En una cacerola, derrita la mantequilla a fuego medio. Agrega la Coca-Cola y el cacao en polvo.
Llevar la mezcla a ebullición, revolviendo constantemente. Hervir durante 1 minuto.
Retiramos el cazo del fuego y dejamos enfriar unos minutos.
Incorpora poco a poco el azúcar en polvo y el extracto de vainilla hasta que quede suave y cremoso.
Unte el glaseado de Coca-Cola sobre pasteles o cupcakes enfriados.

51. Glaseado de guayaba

INGREDIENTES:

1/2 taza de mantequilla sin sal, ablandada
4 tazas de azúcar en polvo
1/4 taza de pasta de guayaba, derretida y enfriada
1 cucharadita de extracto de vainilla

INSTRUCCIONES:

En un tazón, bata la mantequilla ablandada hasta que quede suave.
Agrega poco a poco el azúcar glass, una taza a la vez, y continúa batiendo hasta que esté bien mezclado.
Agrega la pasta de guayaba derretida y enfriada y el extracto de vainilla. Mezcla hasta que esté completamente incorporado.
Extienda o coloque el glaseado de guayaba sobre pasteles o cupcakes enfriados.

52. Glaseado de espuma de mar

INGREDIENTES:
2 claras de huevo grandes
1 1/2 tazas de azúcar granulada
1/3 taza de agua
1/4 cucharadita de crémor tártaro
1 cucharadita de extracto de vainilla

INSTRUCCIONES:
En un recipiente resistente al calor, combine las claras de huevo, el azúcar, el agua y el crémor tártaro.
Coloque el recipiente sobre una cacerola con agua hirviendo, asegurándose de que el fondo del recipiente no toque el agua.
Con una batidora eléctrica, bata la mezcla a velocidad media durante unos 7-8 minutos o hasta que se formen picos rígidos.
Retira el bol del fuego y continúa batiendo durante 1-2 minutos más.
Agrega el extracto de vainilla hasta que esté bien combinado.
Utiliza el glaseado de espuma de mar para glasear pasteles o cupcakes. Tendrá una textura ligera y esponjosa.

53. Glaseado de hojaldre rosa

INGREDIENTES:
1 taza de azúcar granulada
1/4 taza de agua
2 claras de huevo grandes
1/4 cucharadita de crémor tártaro
1 cucharadita de extracto de vainilla
Colorante alimentario rosa (opcional)

INSTRUCCIONES:
En una cacerola, combine el azúcar y el agua. Calienta a fuego medio, revolviendo hasta que el azúcar se disuelva.
En un bol, bata las claras y el crémor tártaro hasta que se formen picos suaves.
Vierte poco a poco el almíbar de azúcar caliente sobre las claras sin dejar de batir a velocidad media-alta.
Batir durante unos 5 a 7 minutos o hasta que se formen picos rígidos y el glaseado se vuelva brillante.
Agregue el extracto de vainilla. Si lo desea, agregue unas gotas de colorante alimentario rosado y mezcle hasta que tenga un color uniforme.
Utilice el glaseado de hojaldre rosa para glasear pasteles o cupcakes. Tendrá una textura ligera y aireada.

54.Glaseado de mantequilla de maní asado

INGREDIENTES:
1/2 taza de mantequilla sin sal, ablandada
1 taza de mantequilla de maní cremosa
2 tazas de azúcar en polvo
1/4 taza de leche
1 cucharadita de extracto de vainilla

INSTRUCCIONES:
En un tazón, bata la mantequilla ablandada y la mantequilla de maní hasta que quede suave.
Agrega poco a poco el azúcar glass, una taza a la vez, y continúa batiendo hasta que esté bien mezclado.
Vierta la leche y el extracto de vainilla. Batir hasta que quede suave y cremoso.
Precalienta la parrilla en tu horno.
Unte el glaseado de mantequilla de maní sobre pasteles o cupcakes enfriados.
Coloque los pasteles o cupcakes glaseados en una bandeja para hornear y colóquelos debajo del asador durante 1 a 2 minutos o hasta que el glaseado comience a dorarse ligeramente.
Retirar del horno y dejar enfriar antes de servir.

55.Glaseado húngaro

INGREDIENTES:
1 taza de mantequilla sin sal, ablandada
4 tazas de azúcar en polvo
1/4 taza de cacao en polvo
1/4 taza de café fuerte, enfriado
1 cucharadita de extracto de vainilla
Pizca de sal

INSTRUCCIONES:
En un tazón, bata la mantequilla ablandada hasta que quede suave.
Agrega poco a poco el azúcar glass y el cacao en polvo, mezclando bien después de cada adición.
Vierta el café enfriado y el extracto de vainilla. Agregue una pizca de sal para darle sabor.
Batir la mezcla hasta que quede suave y cremosa.
Extienda o coloque el glaseado húngaro sobre pasteles o cupcakes enfriados.

56. Glaseado de marrasquino

INGREDIENTES:
1/2 taza de mantequilla sin sal, ablandada
4 tazas de azúcar en polvo
1/4 taza de jugo de cereza marrasquino
1 cucharadita de extracto de almendras
Cerezas al marrasquino (opcional, para decorar)

INSTRUCCIONES:
En un tazón, bata la mantequilla ablandada hasta que quede suave.
Agrega poco a poco el azúcar glass, una taza a la vez, y continúa batiendo hasta que esté bien mezclado.
Agregue el jugo de cereza marrasquino y el extracto de almendras.
Mezcle hasta que esté completamente incorporado.
Extienda o coloque el glaseado de marrasquino sobre pasteles o cupcakes enfriados.
Opcional: Adorne con cerezas marrasquino para decorar.

57.Glaseado de mantequilla y nueces

INGREDIENTES:
1/2 taza de mantequilla sin sal, ablandada
1/2 taza de nueces pecanas picadas, tostadas
4 tazas de azúcar en polvo
1/4 taza de leche
1 cucharadita de extracto de vainilla

INSTRUCCIONES:
En una sartén, tuesta las nueces picadas a fuego medio hasta que estén fragantes. Deja enfriar.
En un tazón, bata la mantequilla ablandada hasta que quede suave.
Agrega poco a poco el azúcar glass, una taza a la vez, y continúa batiendo hasta que esté bien mezclado.
Vierta la leche y el extracto de vainilla. Batir hasta que quede suave y cremoso.
Agrega las nueces tostadas hasta que se distribuyan uniformemente.
Extienda o coloque el glaseado de mantequilla y nueces sobre pasteles o cupcakes enfriados.

58. Glaseado de pastel de mermelada helada

INGREDIENTES:
1/2 taza de mantequilla sin sal, ablandada
4 tazas de azúcar en polvo
1/4 taza de leche entera
1/4 taza de mermelada de frambuesa o fresa
1 cucharadita de extracto de vainilla

INSTRUCCIONES:
En un tazón, bata la mantequilla ablandada hasta que quede suave.
Agrega poco a poco el azúcar glass, una taza a la vez, y continúa batiendo hasta que esté bien mezclado.
Vierta la leche y el extracto de vainilla. Batir hasta que quede suave y cremoso.
Agrega la mermelada y mezcla hasta que esté completamente incorporada.
Extienda o coloque el glaseado de pastel de mermelada sobre pasteles o cupcakes enfriados.

59. Glaseado de cacao sedoso

INGREDIENTES:
1 taza de mantequilla sin sal, ablandada
2 tazas de azúcar en polvo
1/4 taza de cacao en polvo sin azúcar
1/4 taza de crema espesa
1 cucharadita de extracto de vainilla

INSTRUCCIONES:
En un tazón, bata la mantequilla ablandada hasta que quede suave.
Agrega poco a poco el azúcar glass y el cacao en polvo, mezclando bien después de cada adición.
Vierta la crema espesa y el extracto de vainilla. Batir hasta que quede suave y cremoso.
Extienda o coloque el sedoso glaseado de cacao sobre pasteles o cupcakes enfriados.

VIDRIAR

60.glaseado de menta

INGREDIENTES:
30 g de chocolate blanco [1 onza]
6 g de aceite de semilla de uva [2 cucharaditas]
0,5 g de extracto de menta [escasa ⅛ cucharadita]
1 gota de colorante alimentario verde

INSTRUCCIONES:
Combine el chocolate blanco y el aceite en un plato apto para microondas y derrita el chocolate a fuego lento durante 20 a 30 segundos. Use una espátula resistente al calor para mezclar el aceite y el chocolate, trabajando hasta que la mezcla esté brillante y suave.
Agregue el extracto de menta y el colorante alimentario.

61.Glaseado De Fresa

INGREDIENTES:
1 taza de fresas frescas, peladas y picadas
1 taza de azúcar en polvo
1 cucharada de jugo de limón

INSTRUCCIONES:
En una licuadora o procesador de alimentos, haga puré las fresas hasta que quede suave.
En un tazón mediano, mezcle el azúcar en polvo y el jugo de limón.
Agrega el puré de fresa a la mezcla de azúcar en polvo y bate hasta que esté bien combinado.
Vierta el glaseado sobre el postre y déjelo reposar antes de servir.

62. Glaseado De Café

INGREDIENTES:
1 taza de azúcar en polvo
2 cucharadas de café preparado
1/2 cucharadita de extracto de vainilla

INSTRUCCIONES:
En un tazón pequeño, mezcle el azúcar en polvo, el café preparado y el extracto de vainilla hasta que quede suave.
Ajuste la consistencia agregando más azúcar en polvo si es necesario.
Rocíe el glaseado de café sobre el postre y déjelo reposar antes de servir.

63. Glaseado de sidra de manzana

INGREDIENTES:
1 taza de azúcar en polvo
2 cucharadas de sidra de manzana
1/2 cucharadita de canela molida

INSTRUCCIONES:
En un tazón, combine el azúcar en polvo, la sidra de manzana y la canela molida.
Batir hasta que quede suave y bien combinado.
Rocíe el glaseado de sidra de manzana sobre el postre y déjelo reposar antes de servir.

64. Glaseado de albaricoque

INGREDIENTES:
1/2 taza de conservas de albaricoque
1 cucharada de agua

INSTRUCCIONES:
En un cazo pequeño calentar las confituras de albaricoque y el agua a fuego lento.
Revuelve hasta que las conservas se derritan y la mezcla se vuelva suave.
Retirar del fuego y dejar enfriar un poco.
Cepille o vierta el glaseado de albaricoque sobre su postre mientras aún esté caliente.

65.Glaseado de borbón

INGREDIENTES:
1 taza de azúcar en polvo
2 cucharadas de bourbon
1 cucharada de mantequilla sin sal, derretida

INSTRUCCIONES:
En un tazón, mezcle el azúcar en polvo, el bourbon y la mantequilla derretida hasta que quede suave.
Ajuste la consistencia agregando más azúcar en polvo si es necesario.
Vierta el glaseado de bourbon sobre el postre y déjelo reposar antes de servir.

66. Glaseado de queso crema

INGREDIENTES:
4 onzas de queso crema, ablandado
1 taza de azúcar en polvo
1 cucharadita de extracto de vainilla
2-3 cucharadas de leche

INSTRUCCIONES:
En un tazón, bata el queso crema hasta que quede suave.
Agrega el azúcar en polvo y el extracto de vainilla y continúa batiendo hasta que estén bien combinados.
Agrega poco a poco la leche, una cucharada a la vez, hasta alcanzar la consistencia deseada.
Rocíe el glaseado de queso crema sobre el postre y déjelo reposar antes de servir.

67. Glaseado De Naranja

INGREDIENTES:

1 taza de azúcar en polvo
2 cucharadas de jugo de naranja recién exprimido
1 cucharadita de ralladura de naranja

INSTRUCCIONES:

En un tazón pequeño, mezcle el azúcar en polvo, el jugo de naranja y la ralladura de naranja hasta que quede suave.

Ajuste la consistencia agregando más azúcar en polvo o jugo de naranja según sea necesario.

Rocíe el glaseado de naranja sobre el postre y déjelo reposar antes de servir.

68. Glaseado de crema de mantequilla y chocolate

INGREDIENTES:
1 taza de mantequilla sin sal, ablandada
2 tazas de azúcar en polvo
1/2 taza de cacao en polvo
2-3 cucharadas de leche
1 cucharadita de extracto de vainilla

INSTRUCCIONES:
En un tazón, bata la mantequilla hasta que quede suave.
Agregue gradualmente el azúcar glass y el cacao en polvo y bata hasta que estén bien combinados.
Agrega la leche, una cucharada a la vez, hasta lograr la consistencia deseada.
Incorpora el extracto de vainilla.
Unte o coloque la crema de mantequilla de chocolate sobre su postre.

69.Glaseado De Limón

INGREDIENTES:

1 taza de azúcar en polvo
2 cucharadas de jugo de limón recién exprimido
1 cucharadita de ralladura de limón

INSTRUCCIONES:

En un tazón pequeño, mezcle el azúcar en polvo, el jugo de limón y la ralladura de limón hasta que quede suave.

Ajuste la consistencia agregando más azúcar en polvo o jugo de limón según sea necesario.

Rocíe el glaseado de limón sobre el postre y déjelo reposar antes de servir.

70.Glaseado de mandarina

INGREDIENTES:
1 taza de azúcar en polvo
2 cucharadas de jugo de mandarina recién exprimido
1 cucharadita de ralladura de mandarina

INSTRUCCIONES:
En un tazón pequeño, mezcle el azúcar en polvo, el jugo de mandarina y la ralladura de mandarina hasta que quede suave.
Ajuste la consistencia agregando más azúcar en polvo o jugo de mandarina según sea necesario.
Rocíe el glaseado de mandarina sobre el postre y déjelo reposar antes de servir.

71.Glaseado De Miel

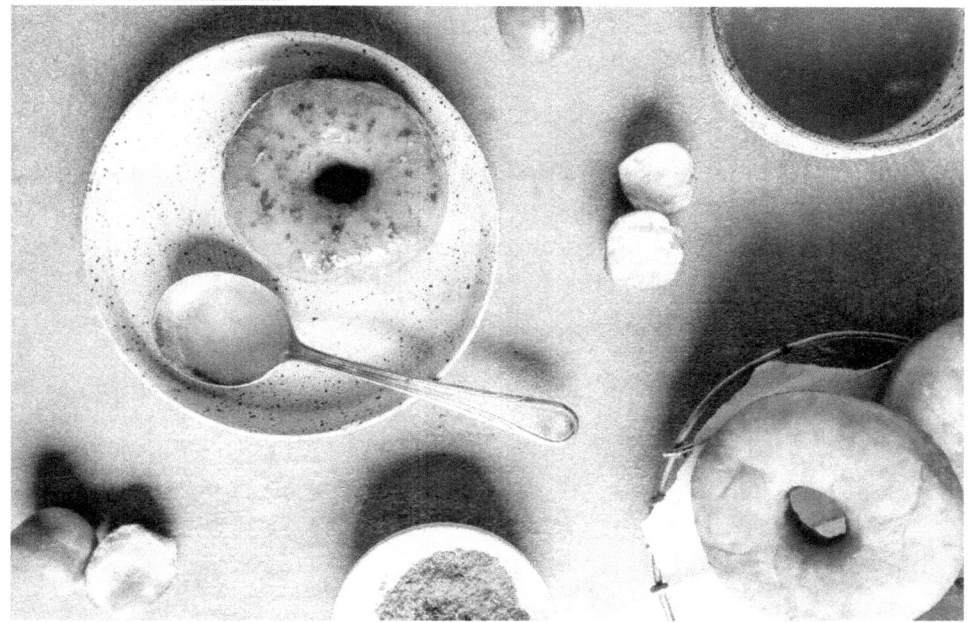

INGREDIENTES:
1/2 taza de miel de abeja
1 cucharada de jugo de limón

INSTRUCCIONES:
En una cacerola pequeña, calienta la miel y el jugo de limón a fuego lento.
Revuelva hasta que esté bien combinado y completamente caliente.
Rocíe el glaseado de miel sobre el postre mientras aún esté caliente.

72.glaseado de arce

INGREDIENTES:
1 taza de azúcar en polvo
2 cucharadas de jarabe de arce puro
1 cucharada de leche

INSTRUCCIONES:
En un tazón, mezcle el azúcar en polvo, el jarabe de arce y la leche hasta que quede suave.
Ajuste la consistencia agregando más azúcar en polvo o leche según sea necesario.
Rocíe el glaseado de arce sobre el postre y déjelo reposar antes de servir.

73. Glaseado de frambuesa

INGREDIENTES:

1 taza de azúcar en polvo
2 cucharadas de puré de frambuesa (colado)
1 cucharadita de jugo de limón

INSTRUCCIONES:

En un tazón pequeño, mezcle el azúcar en polvo, el puré de frambuesa y el jugo de limón hasta que quede suave.

Ajuste la consistencia agregando más azúcar en polvo o puré de frambuesa según sea necesario.

Rocíe el glaseado de frambuesa sobre el postre y déjelo reposar antes de servir.

74. Glaseado de mango

INGREDIENTES:

1 taza de azúcar en polvo
2 cucharadas de puré de mango (colado)
1 cucharada de jugo de lima

INSTRUCCIONES:

En un tazón pequeño, mezcle el azúcar en polvo, el puré de mango y el jugo de limón hasta que quede suave.

Ajuste la consistencia agregando más azúcar en polvo o puré de mango según sea necesario.

Rocíe el glaseado de mango sobre el postre y déjelo reposar antes de servir.

75.Glaseado de lavanda

INGREDIENTES:

1 taza de azúcar en polvo
2 cucharadas de leche
1/2 cucharadita de cogollos de lavanda secos (grado culinario)
Colorante alimentario morado (opcional)

INSTRUCCIONES:

En una cacerola pequeña, caliente la leche y los cogollos secos de lavanda a fuego lento hasta que estén tibios.
Retirar del fuego y dejar reposar durante unos 10 minutos.
Colar la leche para quitar los cogollos de lavanda.
En un tazón, mezcle el azúcar en polvo y la leche infundida hasta que quede suave.
Ajuste la consistencia agregando más azúcar en polvo o leche según sea necesario.
Rocíe el glaseado de lavanda sobre el postre y déjelo reposar antes de servir.

76. Glaseado de mantequilla de maní

INGREDIENTES:

1/2 taza de azúcar en polvo
2 cucharadas de mantequilla de maní cremosa
2-3 cucharadas de leche

INSTRUCCIONES:

En un tazón, bata el azúcar en polvo y la mantequilla de maní cremosa hasta que estén bien combinados.

Agrega poco a poco la leche, una cucharada a la vez, hasta lograr la consistencia deseada.

Rocíe el glaseado de mantequilla de maní sobre el postre y déjelo reposar antes de servir.

77. Glaseado De Caramelo

INGREDIENTES:
1 taza de azúcar granulada
1/4 taza de agua
1/2 taza de crema espesa
2 cucharadas de mantequilla sin sal
1/2 cucharadita de extracto de vainilla

INSTRUCCIONES:
En una cacerola mediana, combine el azúcar granulada y el agua.
Cocine a fuego medio, revolviendo constantemente, hasta que el azúcar se disuelva y adquiera un color ámbar.
Retire la cacerola del fuego y agregue con cuidado la crema espesa, la mantequilla y el extracto de vainilla. Tenga cuidado ya que la mezcla puede burbujear.
Revuelva hasta que el caramelo esté suave y bien combinado.
Deje que el glaseado de caramelo se enfríe un poco antes de rociarlo sobre el postre.

78. Glaseado de almendras

INGREDIENTES:
1 taza de azúcar en polvo
2 cucharadas de leche
1/2 cucharadita de extracto de almendras
Almendras laminadas (opcional, para decorar)

INSTRUCCIONES:
En un tazón, mezcle el azúcar en polvo, la leche y el extracto de almendras hasta que quede suave.
Ajuste la consistencia agregando más azúcar en polvo o leche según sea necesario.
Rocíe el glaseado de almendras sobre el postre y espolvoree con almendras rebanadas, si lo desea.
Deje que el glaseado se asiente antes de servir.

79. Glaseado De Coco

INGREDIENTES:
1 taza de azúcar en polvo
2 cucharadas de leche de coco
1/4 cucharadita de extracto de coco
Coco rallado (opcional, para decorar)

INSTRUCCIONES:
En un tazón pequeño, mezcle el azúcar en polvo, la leche de coco y el extracto de coco hasta que quede suave.
Ajuste la consistencia agregando más azúcar en polvo o leche de coco según sea necesario.
Rocíe el glaseado de coco sobre el postre y espolvoree con coco rallado, si lo desea.
Deje que el glaseado se asiente antes de servir.

80. Glaseado De Pistacho

INGREDIENTES:

1 taza de azúcar en polvo
2 cucharadas de leche
1/4 cucharadita de extracto de almendras
1/4 taza de pistachos finamente picados

INSTRUCCIONES:

En un tazón, mezcle el azúcar en polvo, la leche y el extracto de almendras hasta que quede suave.
Ajuste la consistencia agregando más azúcar en polvo o leche según sea necesario.
Agrega los pistachos picados.
Rocíe el glaseado de pistacho sobre el postre y déjelo reposar antes de servir.

81. Glaseado de té verde matcha

INGREDIENTES:

1 taza de azúcar en polvo
2 cucharadas de leche
1 cucharadita de té verde matcha en polvo

INSTRUCCIONES:

En un tazón pequeño, mezcle el azúcar en polvo, la leche y el té verde matcha en polvo hasta que quede suave.

Ajuste la consistencia agregando más azúcar en polvo o leche según sea necesario.

Rocíe el glaseado de té verde matcha sobre el postre y déjelo reposar antes de servir.

82. Glaseado de limonada de frambuesa

INGREDIENTES:

1 taza de azúcar en polvo
2 cucharadas de puré de frambuesa (colado)
1 cucharada de jugo de limón recién exprimido
Ralladura de limón (opcional, para decorar)

INSTRUCCIONES:

En un tazón pequeño, mezcle el azúcar en polvo, el puré de frambuesa y el jugo de limón hasta que quede suave.
Ajuste la consistencia agregando más azúcar en polvo o puré de frambuesa según sea necesario.
Rocíe el glaseado de limonada de frambuesa sobre el postre y espolvoree con ralladura de limón, si lo desea.
Deje que el glaseado se asiente antes de servir.

GANACHE

83. ganaché de calabaza

INGREDIENTES:

150 g de chocolate blanco [5¼ onzas]
25 g de mantequilla[2 cucharadas]
50 g de glucosa[2 cucharadas]
55 g de nata espesa fría[¼ de taza]
75 g de puré de calabaza Libby [⅓ taza]
4 g de sal kosher [1 cucharadita]
1 g de canela molida[½cucharadita]

INSTRUCCIONES:

Combine el chocolate blanco y la mantequilla en un plato apto para microondas y derrítalos suavemente en el microondas en ráfagas de 15 segundos, revolviendo entre ráfagas.

Transfiera la mezcla de chocolate a un recipiente. Caliente la glucosa en el microondas durante 15 segundos, luego agréguela inmediatamente a la mezcla de chocolate y bata con la batidora de mano.

Después de un minuto, agregue la crema espesa con la batidora de mano encendida.

Incorpora el puré de calabaza, la sal y la canela. Pon la ganache en el frigorífico para que se endurezca antes de usarla, al menos 4 horas o, idealmente, toda la noche.

84. Ganache de lima y remolacha

INGREDIENTES:
2 remolachas medianas, peladas y cortadas en trozos (use guantes;)
1 lima
leche si es necesario
120 g de chocolate blanco [4¼ onzas]
25 g de mantequilla [2 cucharadas]
100 g de glucosa [¼ taza]
55 g de nata espesa fría [¼ de taza]
3 g de sal kosher [¾ cucharadita]

INSTRUCCIONES:
Calienta el horno a 325°F.

Envuelva los trozos de remolacha en una hoja grande de papel de aluminio y colóquelos en una bandeja para hornear para facilitar su manipulación.

Ase durante 1 a 2 horas, o hasta que las remolachas estén tiernas y blandas; déles intervalos adicionales de 30 minutos en el horno si no lo son.

Mientras tanto, rallar la ralladura de la lima y reservar. Exprimir 8 g (2 cucharaditas) de jugo de la lima y reservar.

Transfiera las remolachas a una licuadora y haga puré. (Si su licuadora le está dando problemas, agregue hasta 1 cucharada de leche para ayudar a que funcione). Pase el puré por un colador de malla fina; debe tener la textura de la calabaza de Libby. puré (o papilla). Mida 120 g (⅓ taza) de puré de remolacha. Deje enfriar.

Combina el chocolate blanco y la mantequilla en un recipiente apto para microondas y derrítelos suavemente en el microondas en ráfagas de 15 segundos, revolviendo entre ráfagas. El resultado debe ser apenas tibio al tacto y totalmente homogéneo.

Transfiera la mezcla de chocolate a un recipiente que pueda acomodar una licuadora de inmersión, algo alto y angosto, como un recipiente de plástico para delicatessen de 1 cuarto de galón. Calienta la glucosa en el microondas durante 15 segundos, luego agrégala inmediatamente a la mezcla de chocolate y revuelve con la mano. licuadora. Después de un minuto, agregue la crema espesa, con la batidora de mano en funcionamiento; la mezcla se convertirá en algo sedoso, brillante y suave. Incorpora el puré de remolacha, la ralladura de lima y la sal. Coloca la ganache en el refrigerador durante 30 minutos para que se endurezca.

Use una espátula para incorporar el jugo de limón a la ganache (no haga esto hasta que la ganache esté firme o la romperá). Vuelva a colocar la ganache en el refrigerador durante al menos 3 horas o, idealmente, durante la noche. En un recipiente hermético se conservará en el frigorífico durante 1 semana. Servir frío.

85. Ganache de chocolate y avellanas

INGREDIENTES:
55 g de nata espesa[¼taza]
60 g de chocolate gianduja, derretido [2 onzas]
65 g de pasta de avellanas[¼taza]
¼ de porción de salsa dulce de azúcar [38 g (3 cucharadas)]
1 g de sal kosher[¼cucharadita]

INSTRUCCIONES:
Hierva la crema espesa en una cacerola pequeña de fondo grueso a fuego medio-alto.
Mientras tanto, combine la gianduja derretida, la pasta de avellanas, la salsa dulce de azúcar y la sal en un tazón mediano.
Vierta la crema en el tazón y déjala reposar durante 1 minuto. Con una batidora de mano o un batidor, mezcle lentamente el contenido del tazón hasta que la mezcla esté brillante y suave como la seda. Esto tomará de 2 a 4 minutos, dependiendo de su velocidad y fuerza. Úselo inmediatamente o guárdelo en un recipiente hermético en el refrigerador por hasta 2 semanas; no lo congele.

86. ganaché de graham

INGREDIENTES:
½ porción de masa Graham
85 g de leche [⅓ taza]
2 g de sal kosher [½ cucharadita]

INSTRUCCIONES:
Combine la corteza Graham, la leche y la sal en una licuadora y haga puré a velocidad media hasta que quede suave y homogéneo; tomará de 1 a 3 minutos (dependiendo de la genialidad de su licuadora).

Si la mezcla no se engancha en la cuchilla de la licuadora, apágala, toma una cucharadita pequeña y raspa los lados del recipiente, recuerda raspar debajo de la cuchilla y vuelve a intentarlo.

Use la ganache de inmediato o guárdela en un recipiente hermético en el refrigerador hasta por 5 días.

87. Ganache de chocolate amargo

INGREDIENTES:
8 onzas (225 g) de chocolate amargo, finamente picado
1 taza (240 ml) de crema espesa

INSTRUCCIONES:
Coloque el chocolate amargo picado en un recipiente resistente al calor.
En una cacerola pequeña, calienta la crema espesa a fuego medio hasta que comience a hervir a fuego lento.
Vierte la nata caliente sobre el chocolate y déjalo reposar un minuto.
Revuelve la mezcla hasta que el chocolate esté completamente derretido y suave.
Deje que la ganache se enfríe un poco antes de usarla.

88. Ganache de chocolate con leche

INGREDIENTES:
8 onzas (225 g) de chocolate con leche, finamente picado
1 taza (240 ml) de crema espesa

INSTRUCCIONES:
Coloca el chocolate con leche finamente picado en un bol resistente al calor y reserva.
En una cacerola pequeña, calienta la crema espesa a fuego medio hasta que comience a hervir a fuego lento. No dejes que llegue a hervir.
Retiramos el cazo del fuego y vertemos la nata caliente sobre el chocolate con leche picado.
Deje que la mezcla repose durante 1 a 2 minutos para permitir que el chocolate se ablande.
Con un batidor o una espátula, revuelve suavemente la mezcla hasta que el chocolate se derrita por completo y la ganache esté suave y cremosa.
Deje que la ganache se enfríe a temperatura ambiente durante unos 30 minutos, luego cúbrala con film transparente y refrigérela durante al menos 2 horas o hasta que esté firme.
Una vez que la ganache se haya enfriado y cuajado, puedes utilizarla como relleno para pasteles, cupcakes o galletas. También se puede utilizar como aderezo o llovizna para postres como brownies, helados o pudines.

89. Ganache de chocolate blanco

INGREDIENTES:

8 onzas (225 g) de chocolate blanco, finamente picado
1/2 taza (120 ml) de crema espesa

INSTRUCCIONES:

Coloca el chocolate blanco picado en un bol resistente al calor.
En una cacerola pequeña, calienta la crema espesa a fuego medio hasta que comience a hervir a fuego lento.
Vierte la nata caliente sobre el chocolate blanco y deja reposar un minuto.
Revuelve la mezcla hasta que el chocolate esté completamente derretido y suave.
Deje que la ganache se enfríe un poco antes de usarla.

90.Ganache de naranja y chocolate amargo

INGREDIENTES:
8 onzas (225 g) de chocolate amargo, finamente picado
1 taza (240 ml) de crema espesa
Ralladura de 1 naranja

INSTRUCCIONES:
Coloque el chocolate negro finamente picado en un recipiente resistente al calor y reserve.
En una cacerola pequeña, calienta la crema espesa a fuego medio hasta que comience a hervir a fuego lento. No dejes que llegue a hervir.
Una vez que la nata esté hirviendo, la retiramos del fuego y la vertemos sobre el chocolate picado.
Deje que la mezcla repose durante 1 a 2 minutos para permitir que el chocolate se ablande.
Con un batidor o una espátula, revuelve suavemente la mezcla hasta que el chocolate se derrita por completo y la ganache esté suave y brillante.
Agrega la ralladura de 1 naranja a la ganache y revuelve hasta que esté bien combinado.
Deje que la ganache se enfríe a temperatura ambiente durante unos 30 minutos, luego cúbrala con film transparente y refrigérela durante al menos 2 horas o hasta que esté firme.
Una vez que la ganache se haya enfriado y cuajado, puedes utilizarla como relleno para pasteles, tartas u otros postres. También puedes darle forma de trufa o utilizarlo como glaseado o aderezo.

91. Ganache de chocolate amargo expreso

INGREDIENTES:
8 onzas (225 g) de chocolate amargo, finamente picado
1 taza (240 ml) de crema espesa
2 cucharadas de espresso instantáneo en polvo

INSTRUCCIONES:
Coloque el chocolate negro finamente picado en un recipiente resistente al calor y reserve.
En una cacerola pequeña, calienta la crema espesa a fuego medio hasta que comience a hervir a fuego lento. No dejes que llegue a hervir.
Retira la cacerola del fuego y agrega el espresso instantáneo en polvo a la crema. Revuelve bien hasta que el espresso en polvo se disuelva por completo.
Vierte la mezcla de nata caliente sobre el chocolate picado.
Deje que la mezcla repose durante 1 a 2 minutos para permitir que el chocolate se ablande.
Con un batidor o una espátula, revuelve suavemente la mezcla hasta que el chocolate se derrita por completo y la ganache esté suave y brillante.
Deje que la ganache se enfríe a temperatura ambiente durante unos 30 minutos, luego cúbrala con film transparente y refrigérela durante al menos 2 horas o hasta que esté firme.
Una vez que la ganache se haya enfriado y cuajado, puedes utilizarla como relleno para tartas, cupcakes o pasteles. También se puede utilizar como glaseado o como aderezo para postres.

92.Ganache De Caramelo Salado

INGREDIENTES:
8 onzas (225 g) de chocolate amargo, finamente picado
1 taza (240 ml) de crema espesa
1/2 taza (120 ml) de salsa de caramelo salado

INSTRUCCIONES:
Coloque el chocolate negro finamente picado en un recipiente resistente al calor y reserve.
En una cacerola pequeña, calienta la crema espesa a fuego medio hasta que comience a hervir a fuego lento. No dejes que llegue a hervir.
Retiramos el cazo del fuego y vertemos la nata caliente sobre el chocolate picado.
Deje que la mezcla repose durante 1 a 2 minutos para permitir que el chocolate se ablande.
Con un batidor o una espátula, revuelve suavemente la mezcla hasta que el chocolate se derrita por completo y la ganache esté suave y brillante.
Agrega la salsa de caramelo salado al ganache y revuelve hasta que esté bien combinado.
Deje que la ganache se enfríe a temperatura ambiente durante unos 30 minutos, luego cúbrala con film transparente y refrigérela durante al menos 2 horas o hasta que esté firme.
Una vez que la ganache se haya enfriado y cuajado, puedes utilizarla como relleno para tartas, cupcakes o pasteles. También se puede utilizar como aderezo o llovizna para postres como helado, brownies o galletas.

93.Ganache de chocolate blanco y frambuesa

INGREDIENTES:

8 onzas (225 g) de chocolate blanco, finamente picado
1/2 taza (120 ml) de crema espesa
1/4 taza (60 ml) de puré de frambuesa

INSTRUCCIONES:

Coloca el chocolate blanco finamente picado en un bol resistente al calor y reserva.
En una cacerola pequeña, calienta la crema espesa a fuego medio hasta que comience a hervir a fuego lento. No dejes que llegue a hervir.
Retiramos el cazo del fuego y vertemos la nata caliente sobre el chocolate blanco troceado.
Deje que la mezcla repose durante 1 a 2 minutos para permitir que el chocolate se ablande.
Con un batidor o una espátula, revuelve suavemente la mezcla hasta que el chocolate blanco se derrita por completo y la ganache esté suave y cremosa.
Agrega el puré de frambuesa a la ganache y revuelve hasta que esté bien combinado. Puedes hacer puré de frambuesa mezclando frambuesas frescas o congeladas en una licuadora o procesador de alimentos hasta que quede suave y luego colando las semillas.
Deje que la ganache se enfríe a temperatura ambiente durante unos 30 minutos, luego cúbrala con film transparente y refrigérela durante al menos 2 horas o hasta que esté firme.
Una vez que la ganache se haya enfriado y cuajado, puedes utilizarla como relleno para pasteles, cupcakes o macarons. También se puede utilizar como aderezo o llovizna para postres como tarta de queso, tartas o mousse.

94.Ganache de chocolate y menta

INGREDIENTES:
8 onzas (225 g) de chocolate amargo, finamente picado
1 taza (240 ml) de crema espesa
1/2 cucharadita de extracto de menta

INSTRUCCIONES:
Coloque el chocolate negro finamente picado en un recipiente resistente al calor y reserve.
En una cacerola pequeña, calienta la crema espesa a fuego medio hasta que comience a hervir a fuego lento. No dejes que llegue a hervir.
Retiramos el cazo del fuego y vertemos la nata caliente sobre el chocolate negro picado.
Deje que la mezcla repose durante 1 a 2 minutos para permitir que el chocolate se ablande.
Con un batidor o una espátula, revuelve suavemente la mezcla hasta que el chocolate se derrita por completo y la ganache esté suave y brillante.
Agrega el extracto de menta a la ganache y revuelve hasta que esté bien combinado. Ajuste la cantidad de extracto al nivel deseado de sabor a menta.
Deje que la ganache se enfríe a temperatura ambiente durante unos 30 minutos, luego cúbrala con film transparente y refrigérela durante al menos 2 horas o hasta que esté firme.
Una vez que la ganache se haya enfriado y cuajado, puedes utilizarla como relleno para pasteles, cupcakes o trufas. También se puede utilizar como aderezo o llovizna para postres como brownies, helados o galletas.

95. Ganache de chocolate y mantequilla de maní

INGREDIENTES:

8 onzas (225 g) de chocolate amargo, finamente picado
1 taza (240 ml) de crema espesa
1/2 taza (120 ml) de mantequilla de maní suave

INSTRUCCIONES:

Coloque el chocolate negro finamente picado en un recipiente resistente al calor y reserve.

En una cacerola pequeña, calienta la crema espesa a fuego medio hasta que comience a hervir a fuego lento. No dejes que llegue a hervir.

Retiramos el cazo del fuego y vertemos la nata caliente sobre el chocolate negro picado.

Deje que la mezcla repose durante 1 a 2 minutos para permitir que el chocolate se ablande.

Con un batidor o una espátula, revuelve suavemente la mezcla hasta que el chocolate se derrita por completo y la ganache esté suave y brillante.

Agregue la mantequilla de maní suave al ganache y revuelva hasta que esté bien combinado. Asegúrese de que la mantequilla de maní esté a temperatura ambiente para mezclarla más fácilmente.

Deje que la ganache se enfríe a temperatura ambiente durante unos 30 minutos, luego cúbrala con film transparente y refrigérela durante al menos 2 horas o hasta que esté firme.

Una vez que la ganache se haya enfriado y cuajado, puedes utilizarla como relleno para pasteles, cupcakes o galletas. También se puede utilizar como aderezo o llovizna para postres como brownies, helados o tarta de queso.

96. Ganache de coco y chocolate blanco

INGREDIENTES:

8 onzas (225 g) de chocolate blanco, finamente picado
1/2 taza (120 ml) de crema espesa
1/2 taza (50 g) de coco rallado

INSTRUCCIONES:

Coloca el chocolate blanco finamente picado en un bol resistente al calor y reserva.

En una cacerola pequeña, calienta la crema espesa a fuego medio hasta que comience a hervir a fuego lento. No dejes que llegue a hervir.

Retiramos el cazo del fuego y vertemos la nata caliente sobre el chocolate blanco troceado.

Deje que la mezcla repose durante 1 a 2 minutos para permitir que el chocolate se ablande.

Con un batidor o una espátula, revuelve suavemente la mezcla hasta que el chocolate blanco se derrita por completo y la ganache esté suave y cremosa.

Agrega el coco rallado a la ganache y revuelve hasta que esté bien combinado. Asegúrese de que el coco se distribuya uniformemente por toda la ganache.

Deje que la ganache se enfríe a temperatura ambiente durante unos 30 minutos, luego cúbrala con film transparente y refrigérela durante al menos 2 horas o hasta que esté firme.

Una vez que la ganache se haya enfriado y cuajado, puedes utilizarla como relleno para pasteles, cupcakes o barras. También se puede utilizar como aderezo o llovizna para postres como tartas, pasteles o galletas.

97. Ganache de chocolate amargo y avellanas

INGREDIENTES:

8 onzas (225 g) de chocolate amargo, finamente picado
1 taza (240 ml) de crema espesa
1/2 taza (75 g) de avellanas tostadas picadas

INSTRUCCIONES:

Coloque el chocolate negro finamente picado en un recipiente resistente al calor y reserve.
En una cacerola pequeña, calienta la crema espesa a fuego medio hasta que comience a hervir a fuego lento. No dejes que llegue a hervir.
Retiramos el cazo del fuego y vertemos la nata caliente sobre el chocolate negro picado.
Deje que la mezcla repose durante 1 a 2 minutos para permitir que el chocolate se ablande.
Con un batidor o una espátula, revuelve suavemente la mezcla hasta que el chocolate se derrita por completo y la ganache esté suave y brillante.
Agrega las avellanas tostadas picadas a la ganache y revuelve hasta que estén bien combinadas. Asegúrate de que las avellanas estén frías antes de agregarlas.
Deje que la ganache se enfríe a temperatura ambiente durante unos 30 minutos, luego cúbrala con film transparente y refrigérela durante al menos 2 horas o hasta que esté firme.
Una vez que la ganache se haya enfriado y cuajado, puedes utilizarla como relleno para tartas, cupcakes o pasteles. También se puede utilizar como aderezo o llovizna para postres como brownies, helados o crepes.

98. Ganache de chocolate con leche y almendras

INGREDIENTES:
8 onzas (225 g) de chocolate con leche, finamente picado
1 taza (240 ml) de leche de almendras

INSTRUCCIONES:
Coloca el chocolate con leche picado en un bol resistente al calor.
En una cacerola pequeña, calienta la leche de almendras a fuego medio hasta que empiece a hervir a fuego lento.
Vierte la leche de almendras caliente sobre el chocolate y déjalo reposar un minuto.
Revuelve la mezcla hasta que el chocolate esté completamente derretido y suave.
Deje que la ganache se enfríe un poco antes de usarla.

99. Ganache de chocolate amargo con leche de coco

INGREDIENTES:
8 onzas (225 g) de chocolate amargo, finamente picado
1 taza (240 ml) de leche de coco

INSTRUCCIONES:
Coloque el chocolate amargo picado en un recipiente resistente al calor.
En una cacerola pequeña, calienta la leche de coco a fuego medio hasta que empiece a hervir a fuego lento.
Vierte la leche de coco caliente sobre el chocolate y déjalo reposar un minuto.
Revuelve la mezcla hasta que el chocolate esté completamente derretido y suave.
Deje que la ganache se enfríe un poco antes de usarla.

100. Ganache de chocolate blanco caramelizado

INGREDIENTES:
8 onzas (225 g) de chocolate blanco
Una pizca de sal marina

INSTRUCCIONES:
Precalienta tu horno a 250°F (120°C).
Coloca el chocolate blanco en una bandeja para horno forrada con papel pergamino.
Espolvorea una pizca de sal marina sobre el chocolate.
Hornea el chocolate durante aproximadamente 1 hora, revolviendo cada 10 minutos hasta que se dore y se caramelice.
Retira el chocolate del horno y déjalo enfriar por completo.
Picar finamente el chocolate blanco caramelizado.
En un recipiente resistente al calor, vierta 1 taza (240 ml) de crema espesa hirviendo sobre el chocolate blanco caramelizado.
Revuelve hasta que el chocolate esté completamente derretido y suave.
Deje que la ganache se enfríe un poco antes de usarla.

CONCLUSIÓN

Al llegar al final de este viaje, esperamos que se haya sentido inspirado y capacitado para experimentar con glaseados, glaseados y ganaches en su propia cocina. Recuerda, el mundo de las dulces creaciones está limitado únicamente por tu imaginación. Con el conocimiento y las habilidades que ha adquirido con este libro de cocina, está listo para embarcarse en sus propias aventuras culinarias.

Ya sea que elija preparar un glaseado de crema de mantequilla clásico para disfrutar de una delicia nostálgica o traspasar los límites con combinaciones de sabores únicas y técnicas innovadoras, las posibilidades son infinitas. No tengas miedo de ser creativo y personalizar tus postres para reflejar tu propio estilo y gusto.

Hemos compartido nuestra pasión por todo lo dulce y ahora es el momento de que des rienda suelta a tu propia creatividad. Entonces, toma tus tazones para mezclar, espátulas y mangas pasteleras y deja que brille el artista pastelero que llevas dentro. " HELADO Y GANACHE PARA CADA OCASIÓN" será su compañero de confianza mientras explora el mundo de los dulces y crea momentos inolvidables de alegría y placer. ¡Feliz horneado!

www.ingramcontent.com/pod-product-compliance
Lightning Source LLC
Chambersburg PA
CBHW071912110526
44591CB00011B/1646